AF371123

# TABLEAUX

## ANCIENS ET MODERNES

# DESSINS

## ORIGINAUX, GRAVURES, ETC.,

composant la collection

DE

# M. F. L.

HOMME DE LETTRES

# VENTE

par le ministère de M<sup>e</sup> ............................. commissaire-priseur,

le ............................ et jours suivants, s'il y a lieu.

**Exposition particulière,** le ..........................

**Exposition publique,** le ..........................

de à heures.

1869

# CONDITIONS DE LA VENTE.

Elle sera faite au comptant.

Les acquéreurs paieront *cinq pour cent* en sus du prix d'adjudication.

L'ordre du Catalogue ne sera pas suivi.

La collection dont nous donnons le Catalogue a été
formée avec le plus grand soin, et son importance,
nous en sommes assuré, n'échappera à personne. Aussi
nous sommes-nous abstenu d'accompagner de réflexions
élogieuses les œuvres qui la composent, et qui pour la
plupart possèdent, sans conteste, à différents titres,
une valeur artistique et commerciale considérable.

# TABLEAUX

## ÉCOLES D'ITALIE.

### Attribué a **LUINI** (Bernardino),

né vers 1460, vivait encore en 1530. (*École lombarde.*)

Vasari se borne à vanter le talent de cet éminent artiste, qu'il appelle Bernardino del Lupino, sans entrer dans aucun détail biographique. Il fréquenta l'Académie des artistes dont Léonard de Vinci était le directeur. Il le prit pour modèle, et imita quelquefois son style et son exécution de manière à faire illusion. (V. *Notice des tableaux du Louvre.*)

### 1. — *Décollation de saint Jean-Baptiste.* (Toile.)

Sur le pilier central sont peintes les armoiries du premier propriétaire de ce tableau : une couronne ducale surmontant un écu parti de gueules et de sable.

### **DOLCI** (Carlo),

né à Florence en 1616, mort en 1686. (*École florentine.*)

« Le Dolci est à l'École florentine ce que le Sassoferrato est à l'École romaine. L'un et l'autre, sans être inventeurs remarquables, réussirent et obtinrent des applaudissements dans l'exécution des Madones et d'autres sujets d'une égale simplicité.

» Ces peintures se vendent aujourd'hui (1809) à des prix très élevés, par la raison que les personnages riches qui veulent avoir devant leur Prie-Dieu quelque image précieuse et religieuse à la fois, sont souvent à la recherche de ces deux peintres, quoiqu'ils marchent dans des routes absolument différentes, comme nous le verrons plus loin. Carlo qui, à l'exemple de son maître, s'appliqua uniquement à l'imitation de la simple nature, est moins vanté pour la beauté de ses physionomies que pour le soin exquis qu'il apportait à finir jusqu'aux moindres détails, et pour l'expression vraie et touchante des sentiments inspirés par la piété. Rien n'est plus parfait en ce genre, que la douleur résignée de Jésus, ou celle de la mère de Dieu; la componction d'un saint qui fait pénitence, la joie d'un martyr qui s'offre en sacrifice au Dieu vivant. On trouve toujours un entier accord entre le sentiment qu'il veut exprimer, et le ton général de sa couleur qui n'a rien d'éclatant, rien de hardi, mais où tout respire la modestie, la tranquillité, et l'harmonie la plus douce. On reconnaît en lui la méthode de Rosseli, mais perfectionnée, mais embellie, comme lorsqu'on retrouve dans les traits d'un jeune homme paré des grâces de son âge, la ressemblance de son aïeul... »

(Histoire de la peinture en Italie, par l'abbé Lanzi.)

« ... Carlo Dolci... se créa un style tout particulier. Ses tableaux sont d'un extrême fini et d'une couleur harmonieuse. Il a peint surtout des demi-figures, des Christ, des Vierges, des Saints faisant pénitence, et des portraits. Ses grands tableaux sont très rares. Appelé à la cour de l'Empereur, il fut comblé par lui d'honneurs et de bienfaits. Ses ouvrages, fort recherchés de son vivant, le sont peut-être encore plus maintenant... »

(Notice des tableaux du Louvre, — Écoles d'Italie et<br>d'Espagne, — article Agnese Dolci.)

*N. B.* Le Musée du Louvre ne possède pas de tableau de Carlo Dolci, mais seulement *une copie* d'un de ses tableaux, faite par sa fille, Agnese Dolci.

### 2. — Le Christ sur le chemin du Calvaire. (Cuivre.)

(Signé à droite : C. Dolci.)

Un cachet en cire rouge, apposé sur le derrière du cadre,

indique que ce tableau a appartenu à un couvent de religieux de Saint-Augustin ou de Bénédictins anglais.

## LUTI (Benedetto),

né à Florence en 1666, mort à Rome en 1724. (*École florentine.*)

Après la mort de Ciro Ferri, son second maître, « il chercha à se former un style en étudiant différents maîtres, et produisit des ouvrages qui lui valurent une grande réputation. »

*(Notice des tableaux du Louvre.)*

### 3. — *Saint Sébastien*. (*Cuivre.*)

Quelques personnes attribuent ce tableau à Murillo.

N. Bazin a fait, d'après une répétition de cet ouvrage avec variantes dans la pose du saint, une gravure non retournée qui sera vendue avec le tableau.

---

# ÉCOLE FLAMANDE.

## MASSYS (Quentin),

né à Anvers vers 1460, mort vers 1530. Maître primitif.

Avant d'être peintre, il avait exercé le métier de forgeron ou de serrurier. Les auteurs ont attribué le changement de profession de Massys, les uns à une aventure romanesque qui semble apocryphe, les autres aux suites d'une maladie qui ne lui avait pas permis de reprendre le marteau.

« Quoiqu'il en soit, Massys prouva qu'il était né peintre ; il étudia la nature, et, sans négliger les détails accessoires, il donna plus d'importance à la figure humaine et plus d'unité à l'effet et à l'ensemble de la composition. Son style sert de transition entre celui de Van-Eyck et celui de Rubens. »

*(Notice des tableaux du Musée du Louvre.)*

« Beaucoup de vérité, de caractère et de fini. »

*(Dictionnaire des Peintres, par Siret.)*

4. — *Une Piela*. (*Bois*. Fig. à mi-corps ; petite nature.)

Ce panneau est marqué, au revers, d'un monogramme composé d'une S et d'une L entrelacés.

## RUBENS (PIERRE-PAUL),

né à Cologne le 29 juin 1577, mort à Anvers le 30 mai 1640.

Rubens est le plus grand peintre de l'École flamande.

### 5. — *Le Père Éternel*. (*Bois.)*

Esquisse pour le tableau *La Trinité*, qui se voit au Musée d'Anvers sous le n° 282. Ce tableau, gravé par S. de Bolswert, est ainsi décrit :

« Le Christ mort, couché dans son linceul, repose sur les genoux de son Père, au-dessus de qui plane le Saint-Esprit. Deux anges, debout aux côtés du groupe, portent les attributs de la Passion. Dieu le Père a les bras étendus et soulève le suaire de la main gauche. »

## TÉNIERS (DAVID) *le Vieux ou le Père*,

né à Anvers en 1582, mort dans la même ville en 1649.

Il fut élève de Rubens et voyagea en Italie. Il a peint de grandes compositions, mais surtout des fêtes de village, des cabarets, des chimistes.

### 6. — *Un Chimiste*. (*Bois.)*

## DIEPENBEECK (ABRAHAM VAN),

né à Bois-le-Duc vers 1620, mort à Anvers en 1675.

Il s'adonna d'abord à la peinture sur verre, s'y distingua, et entra ensuite dans l'atelier de Rubens. Ses progrès furent assez rapides pour que son maître ne tarda pas à se servir de son aide dans l'exécution de grands travaux. Les tableaux de Diepenbeeck sont plus rares que ses compositions au bistre ou au crayon. Quelques-uns ont été attribués à Rubens.

### 7. — *Chasteté de Joseph.* (Bois.)

## VAN GEEL (Jean-Louis),

né à Malines en 1787.

Statuaire renommé, professeur de sculpture à l'Académie de cette ville, a fait un grand nombre de statues et de bas-reliefs, et entre autres bustes ceux de LL. AA. RR. le prince et la princesse d'Orange, du prince Frédéric, de la princesse Marianne, de Nicolas, empereur de Russie.

### 8. — *Tête d'étude.*

## ÉCOLES D'ESPAGNE.

## HERRERA LE VIEUX (F.),

né à Séville en 1576, mort à Madrid en 1656. (*École de Séville.*)

Il prit l'École espagnole dans son enfance et la transforma d'un seul coup : au style minutieux et timide, il ne craignit pas de substituer un style large et vigoureux.

« On ne peut pas se dissimuler que dans ses ouvrages on trouve ces heureux et brillants effets des œuvres de Guerchin, du Caravage et de Ribera. On ne saurait trop apprécier ses tableaux de chevalet : il y en avait un grand nombre à Séville, et de tout temps les étrangers les ont tellement recherchés, qu'on en trouve très difficilement. »

(*Dictionnaire des Peintres espagnols*, par F. Quilliet.

### 9. — *L'Enlèvement d'Europe.* (Cuivre.)

Le peintre a divisé son tableau en deux parties : dans la première, des Amours parent de fleurs le taureau divin ; dans la seconde, Jupiter reçoit la nymphe sur un nuage.

## ÉCOLE ALLEMANDE.

### KERFURT (Auguste), les biographes écrivent ordinairement QUERFURT,

né à Wolfenbutel ou à Vienne vers 1696, mort à Vienne en 1761.

Les tableaux de cet artiste ressemblent quelquefois à des Berghem, des Courtois, des Porrocel, des Wouwermans, des Van der Meulen.

« Ses compositions sont ingénieuses, sa teinte spirituelle, son pinceau léger et facile. »

*(Dictionnaire des peintres,* par Siret.)

### 10. — *Départ pour la chasse.* (Rentoilé.)

(Signé à gauche : Kerfurt.)

Siret fait mention d'un tableau de cet artiste ayant le même titre que ci-dessus.

Une gravure d'après notre composition, ou d'après une répétition absolument semblable attribuée à Berghem, sera vendue avec notre tableau.

## ÉCOLE FRANÇAISE.

### COYPEL (Antoine),

né à Paris en 1661, mort dans la même ville en 1722.

Fils et élève de son père Noël Coypel. Il fit le voyage de

Rome, fut reçu académicien en 1681, nommé premier peintre du roi, et anobli en 1715. Le nom de Coypel est un des plus illustres de l'histoire de l'art en France.

« Les principaux ouvrages d'Antoine Coypel sont à Paris, à Versailles et à Toulouse. »

(Histoire des Peintres, par M. Ch. BLANC.)

### 11. — *Le Christ renié par saint Pierre*. (Toile.)

(Signé à gauche : COYPEL junior F<sup>bat</sup> 1717.)

Ouvrage capital de Coypel, dans lequel il a cherché à rendre trois effets de lumière. — Le tableau l'*Allégorie à la gloire du Dauphin* est signé, comme celui-ci, COYPEL junior.

(V. Histoire des Peintres, par M. Ch. BLANC.)

### MONNOYER (JEAN-BAPTISTE), nommé communément BAPTISTE,

né à Lille en 1635, mort à Londres en 1699.

« Le talent avec lequel il représentait les fleurs et les fruits, qu'il peignait presque toujours d'après nature, lui valut une grande réputation. Il fut reçu à l'Académie en 1663. Les statuts s'opposant, à cause du genre qu'il pratiquait, à sa nomination comme professeur, il obtint le grade de conseiller le 1<sup>er</sup> juillet 1679. »

(Notice des tableaux du Musée du Louvre.)

### 12. — *Fleurs dans un verre*. (Toile.)

Baptiste Monnoyer ne signait pas ses tableaux. (V. *Histoire des Peintres*, par Ch. BLANC.)

### REGNAULT (Le Baron JEAN-BAPTISTE),

né à Paris en 1754, mort en 1829.

« Élève de Bardin ; suivit fort jeune son maître à Rome ; y remporta toutes les médailles, ainsi que dans sa patrie ; retourna à Rome, après avoir remporté le grand-prix. Agréé à l'Académie en 1782, et reçu académicien en 1783. Chevalier des ordres royaux de Saint-Michel et de la Légion-d'Honneur, professeur-recteur aux écoles spéciales de peinture, sculpture, architecture, et membre de l'Institut.

» L'un des meilleurs peintres de son époque; émule de David, il fut non-seulement célèbre par son talent, mais encore par les bons élèves qui sortirent de son atelier. »

*(Dictionnaire des Peintres,* par A. SIRET.)

### 13. — *Un piége de l'Amour.* (BOIS.)

(Signé à droite : REGNAULT.)

## MILLIN DU PERREUX (ALEXANDRE-LOUIS-ROBERT),

né à Paris en 1764.

Élève de Hue et de Valenciennes; visita, à plusieurs reprises différentes, la Suisse, l'Italie, et les Pyrénées. Chevalier de la Légion-d'Honneur. Les figures de ses tableaux sont quelquefois de Demarne, peintre flamand.

### 14. — *Daphnis et Chloé à la grotte des Nymphes.*
*(Bois.)*

(Signé à gauche : DU PERREUX.)

## ROQUEPLAN (JOSEPH-ÉTIENNE-CAMILLE),

né à Mallemort en 1803, mort en 1855.

Il fut nommé chevalier de la Légion-d'Honneur en 1832, et promu officier en 1852. C'est un des peintres les plus populaires de l'École moderne. Il laissa, à son décès, une certaine quantité de tableaux inachevés. M. Delfosse, l'un des élèves dans lequel Roqueplan retrouvait le mieux sa manière, en termina plusieurs avant la vente publique de l'atelier de son maître, qui dépassa cent mille francs.

**15.** — *Concert d'amateurs à la cour, sous Louis XIII.*
(*Toile.*)

Ce tablau est plus apprécié des amateurs et des artistes que les tableaux achevés du même maître.


### PAPETY (DOMINIQUE).

Peintre d'histoire et de genre, auteur d'un *Rêve de bonheur,* etc. (V. *Salons de Paris,* 1843-44-45-46-47, etc.)

**16.** — *La mort de Virginie,* esquisse. (*Toile.*)


### VIALLE (JULES),

né à Brives (Corrèze), élève de MM. Paul Delaroche et Dauzats.
Il a exposé aux Salons de 1852, 1853, 1857, 1859, etc.

**17.** — *Charlotte Corday au moment de poignarder Marat.* (*Toile*).

(V. *Exposition de Bordeaux 1861,* n° 490.)

Voulant épargner au spectateur la vue d'un corps se débattant dans les convulsions d'une subite agonie, l'artiste a choisi le moment où la jeune fille *va* frapper le coup mortel.

La nuit venait lorsque Charlotte Corday entra chez Marat. Il était dans son bain, la tête enveloppée d'une serviette, les traits décomposés par la haine et par la maladie, les épaules et les bras nus, une plume à la main. Une planche posée en travers de la baignoire lui servait de bureau, etc. — (V. les documents historiques fort circonstanciés contenus dans l'*Autographe* du 1er octobre 1864, n° 21.)


### BENTABOLE (LOUIS),

né à Paris. (V. les livrets des Expositions de Paris.)

**18.** — *Le Fort rouge à Calais.* (*Toile.*)
(Signé : L. BENTABOLE, 1860.)

« Ce vieux fort, qui est en bois, sert aujourd'hui de Sémaphore. Le pavillon qui est en tête du mât est le pavillon d'arrondissement maritime. »

(*Exposition de Bordeaux 1861*, nº 47.)

## KUWASSEG (Charles),

né à Draveil.

19. — *Marée basse; soleil couchant.* (*Toile.*)
(*Exposition de Bordeaux 1861*, nº 308.)

20. — *Marée haute; temps à grains.* (*Bois.*)
(V. les livrets des Expositions de Paris.)

## CLAUDE (Eugène),

né à Toulouse. (V. les livrets des Expositions de Paris.)

21. — *Nature morte.* (*Toile.*)
(Signé : Claude, 1860.)

22. — *Nature morte.* (*Toile.*)
(Signé : E. Claude.)

## GOBERT (Martial),

né à Paris, élève de MM. Granger, Aubry et Champin.

23. — *Intérieur de l'église Saint-Étienne-du-Mont,* de Paris.

Cette église a toute la bizarrerie et la grâce de l'architecture sarrazine. La chaire est un chef-d'œuvre dû à d'Estocard ; les vitraux sont de Pinaigrier. Le chœur est séparé de la nef par un jubé dont on voit ici la copie fidèle.

## INCONNUS.

### P. B.

24. — *Intérieur.* (*Bois.*)
(Signé : P. B.)

**25.** — *Retour des vendanges* (Italie), esquisse. (*Toile.*)

**26.** — *Un Buveur.* (*Toile.*)

# DESSINS ORIGINAUX.

## ÉCOLES D'ITALIE.

### TITIEN (Tiziano) VECELLIO,

né à Piève, dans le Frioul, en 1477, mort à Venise en 1576.
Chef de l'École vénitienne.

### 27. — *Paysage,*

Croquis à la plume lavé au bistre.

### RAPHAËL,

né à Urbin en 1483, mort à Rome en 1520.

### 28. — *Étude de cheval.*

Dessin double à la pierre noire sur papier blanc. Au verso se trouve
un cheval galopant.

## ÉCOLE HOLLANDAISE.

### OSTADE (A. Van),

né à Lubeck en 1610, mort à Amsterdam en 1685.

### 29. — *Un repas de famille.*

Dessin à l'encre rouge, à la pointe du pinceau et piqué.

Le tableau dont ce dessin est le poncis a dû être exécuté, et il se pourrait que la découverte de ce tableau amenât un changement d'attribution.

## BERGHEM (N.),

né à Harlem en 1624, mort dans la même ville en 1683.

### 30. — *Étude d'animaux.*

Dessin à la sanguine sur papier blanc.

———

## ÉCOLE FLAMANDE.

—

## VERVOORT (N.),

peintre de genre et de paysage, né à Bruxelles (xvii<sup>e</sup> siècle).

### 31. — *Ressouvenir.*

Dessin à la mine de plomb, lavé d'encre de Chine sur papier blanc.

## BAUDUINS (A.-F.),

né à Dixmunde ou à Bruxelles vers 1660, 1667, ou même 1788 (?!).

Peintre et graveur habile, élève de Vander Meulen. Decamps parle avec éloge de cet artiste, sur la vie duquel règne la plus grande confusion. On trouve son nom écrit BOUDEWYNS, BEAU-DOUIN, etc.

### 32. — *Paysage.*

Dessin à la sanguine sur papier blanc. (Signé : BAUDUINS, *inv. et fecit.*, 1755.)

### 33. — *Paysage.*

Dessin à la sanguine, retourné et ayant servi de calque pour une gravure. (Signé à gauche, au rebours : F. BAUDUINS, *inv. et fecit*, 17..).

Nous appelons l'attention sur les signatures et les dates de ces dessins.

## PIRA.

### 34. — *Retour de l'abreuvoir*.

Dessin à la mine de plomb et à la sanguine.


## ROBBE (Henri),

né à Courtrai (Flandre occidentale). Peintre de fleurs.

### 35. — *Étude de plantes*.

Lavis à l'encre de Chine, arrêté à la plume et rehaussé de blanc
sur papier vert.


# ÉCOLE FRANÇAISE.


## RARROCEL (J.),

né à Brignolles (en Provence) en 1648, mort à Paris en 1704.
Peintre et graveur.

### 36. — *Choc de cavalerie*.

Dessin à la sanguine sur papier blanc.


## OUDRY (J.-B.),

Né à Paris en 1686, mort en 1755.

Peintre et graveur. Est surtout connu par ses tableaux de
chasse.

### 37. — *Loup aux prises avec des chiens*.

Dessin à la sanguine sur papier blanc.


## FRAGONARD (J.-H.),

né à Grasse en 1732, mort à Paris en 1806.

Il fit le voyage d'Italie et fut agréé à l'Académie en 1765. « Il

essaya tous les genres : portraits, scènes familières, paysages,
qu'il traita d'une manière supérieure. »

*(Notice des tableaux du Musée du Louvre.)*

## 38. — *Les Jardins de Tivoli.*

Dessin à la sanguine sur papier blanc.


## HUET (J.-B.),

### né en 1745, mort en 1811.

« Huet a immensément travaillé. Il a été un temps où l'on
trouvait très facilement ses peintures, ses gouaches, ses
crayons, ses eaux-fortes. Mais toutes ces jolies choses se sont
peu à peu casées dans les cabinets et les portefeuilles des cu-
rieux, et on ne les rencontre plus aussi communément à beaucoup près, bien que le prix n'en soit pas encore bien élevé. »

*(Histoire des Peintres, par Ch. BLANC.)*

## 39. — *Paysage.*

Dessin à la sanguine sur papier blanc. (Signé à gauche, dans le
terrain : HUET.)


## LACOUR (PIERRE) père,

### né à Bordeaux le 15 avril 1745, mort dans la même ville le
### 28 janvier 1814.

Peintre, graveur et littérateur. Membre correspondant de
l'Institut de France, président de l'Académie des Sciences,
Belles-Lettres et Arts de Bordeaux.

### 40. — *Étude* aux deux crayons.

### 41. — *Étude* aux deux crayons.

### 42. — *Étude* aux crayons rouge et blanc.

### 43. — *Étude* au crayon rouge.

## DAVID (J.-L.).

né à Paris en 1748, mort à Bruxelles en 1825.

### 44. — *Têtes d'étude*, en médaillon.

Dessin à la pierre noire sur papier blanc.

## BOILLY (L.-L.).

né à la Bassée, près Lille, en 1761, mort à Paris en 1845.

Il obtint, comme peintre de genre, une récompense décernée par le jury des arts pour les meilleurs ouvrages exposés de l'an II à l'an VI. En 1832 ou 1833, sur la demande de l'Académie, il fut décoré de l'ordre de la Légion-d'Honneur.

### 45. — *La Cocarde.*

Lavis au bistre, arrêté à la plume et rehaussé de blanc sur papier chamois. — Très important.

## VERNET (A.-C.-H.), connu sous le nom de
## CARLE VERNET,

né à Bordeaux en 1756, mort en 1836.

Reçu membre de l'Académie de Peinture en 1787, et membre de l'Institut en 1814. Chevalier des ordres de Saint-Michel et de la Légion-d'Honneur. Bataille, Histoire, Chasses et Genre.

### 46. — *Jockeys et chevaux de course.*

Lavis à l'encre de Chine arrêté à la plume.

## SOUCHON (F.).

né à Alais (Gard) en 1786, mort en ....

Élève de Louis David, et directeur de l'École de Peinture de Lille.

### 47. — *Croquis de figure nue.*

Mine de plomb.

## GÉRICAULT (J.-L.-A.-T.),

né à Rouen en 1791, mort à Paris en 1824.

48. — *Étude de cheval cabré.*

Dessin à l'encre de Chine.


## ADÈLE (?).

49. — *Diane chasseresse.*

Dessin à la mine de plomb

(Signé à gauche : ADÈLE.)


## PIQUENOT (E.),

né à Paris, élève de son père.

50. — *La Musique.*

51. — *La Sculpture.*

52. — *L'Architecture.*

Dessins à la mine de plomb.


## GIBERT (TONY),

né à Bordeaux, élève de M. Auguste Couder.

53. — *Le vieux Ténès* (souvenir d'Afrique).

Fusain rehaussé de blanc sur papier chamois.


## INCONNU.

54. — *Le roi David prosterné devant l'ange*
*exterminateur.*

Miniature ancienne sur parchemin.

55. — *Sous ce numéro seront vendus les objets non catalogués.*

Bordeaux. — G. Gounouilhou, imprimeur, rue Guiraude, 11.

www.ingramcontent.com/pod-product-compliance
Lightning Source LLC
LaVergne TN
LVHW020647180726
843502LV00006B/2291